AF602914

Vente après Décès.

TABLEAUX

ET

Études

PAR

LÉON RICHET

COMMISSAIRES PRISEURS

Me F. COUTANCEAU

Me André COUTURIER

SUCCESSEUR DE M. LÉON TUAL

EXPERTS

MM. J. CHAINE & SIMONSON

Paris 1907

I. SCHILLER
IMPRIMEUR
15, FAUB. MONTMARTRE
PARIS

CATALOGUE

DES

TABLEAUX

ET

Études

PAR

LÉON RICHET

dont la vente aux enchères publiques, par suite de son décès

aura lieu

Les Jeudi 5 et Vendredi 6 Décembre 1907

HOTEL DROUOT - SALLE N° 1

à 2 heures

COMMISSAIRES-PRISEURS :

Mᵉ F. COUTANCEAU

7, Rue Sainte-Anne, 7

Mᵉ ANDRÉ COUTURIER

Successeur de M. Léon Tual

56, Rue de la Victoire, 56

EXPERTS :

MM. J. CHAINE & SIMONSON

19, Rue Caumartin, 19

chez lesquels se distribue le Catalogue

EXPOSITION PARTICULIÈRE

le Mardi 3 Décembre

ET

EXPOSITION PUBLIQUE

le Mercredi 4 Décembre

SALLES Nᵒˢ 1 et 2 — de 1 h. 1/2 à 5 h. 1/2

CONDITIONS DE LA VENTE

Elle sera faite au comptant.

Les acquéreurs paieront *dix pour cent* en sus des prix d'adjudication.

ABRÉVIATIONS

T. — Toile.

B. — Bois.

P. — Papier.

C. — Carton.

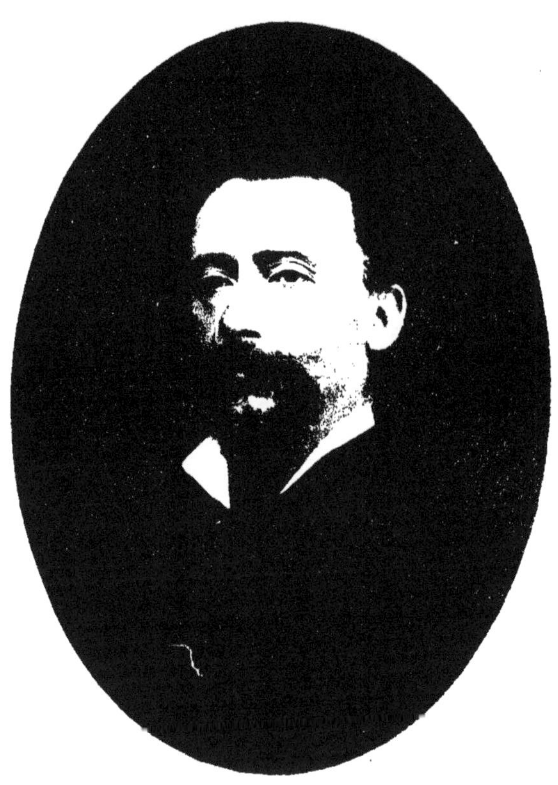

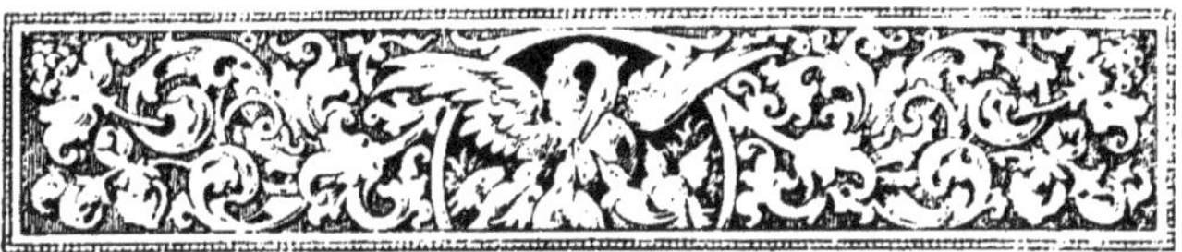

TABLEAUX

ET

ÉTUDES

PAR

LÉON RICHET

DÉSIGNATION

1. **Étude de Hètre.**
SIGNÉ A GAUCHE. — T. Haut. 0,67 Larg. 0.42.

2. **Femmes Turques.**
SIGNÉ A GAUCHE. — T. Haut. 0,61 Larg. 0,30.

3. **Baigneuse.**
SIGNÉ A GAUCHE. — T. Haut. 0,41 Larg. 0,32.

4. **Moret; Fontainebleau.**
SIGNÉ A DROITE. — T. Haut. 0,60 Larg. 0,73.

5. **Un Étang.**
SIGNÉ A GAUCHE. — T. Haut. 0,43 Larg. 0,65.

6. **Moulin à Royat.**
SIGNÉ A GAUCHE. — T. Haut. 0,50 Larg. 0,75.

7. **Petit Darain, Nord.**
SIGNÉ A GAUCHE. — B. Haut. 0,32 Larg. 0,23.

8. **Étude dans la forêt de Fontainebleau.**
SIGNÉ A DROITE. T. Haut. 0,54 Larg. 0,73.

9. **La provision de Bois mort.**
SIGNÉ A GAUCHE. T. Haut. 0,74 Larg. 0,90.

10. **Le Loing à Moret.**
SIGNÉ A GAUCHE. T. Haut. 0,40 Larg. 0,60.

11. **Hêtre; forêt de Fontainebleau.**
SIGNÉ A GAUCHE. T. Haut. 0,65 Larg. 0,48.

12. **Hêtre; forêt de Fontainebleau.**
SIGNÉ A GAUCHE. T. Haut. 0,54 Larg. 0,41.

13. **Recloses; Fontainebleau.**
SIGNÉ A DROITE. T. Haut. 0,40 Larg. 0,50.

14. **La Branche cassée; Saint-Mamès.**
SIGNÉ A DROITE. T. Haut. 0,55 Larg. 0,60.

15. **Carrières aux Sablons.**
SIGNÉ A GAUCHE. T. Haut. 0,38 Larg. 0,55.

16. **Roches dans la forêt de Fontainebleau.**
SIGNÉ A GAUCHE. T. Haut. 0,38 Larg. 0,50.

17. **La porte de Barbizon.**
SIGNÉ A GAUCHE. T. Haut. 0,41 Larg. 0,53.

18. **La Meule; Barbizon.**
SIGNÉ A DROITE. T. Haut. 0,52 Larg. 0,78.

19. **Dormoir de Moret; Fontainebleau.**
SIGNÉ A GAUCHE. T. Haut. 0,65 Larg. 0,81.

20. **Chemin des Fraillons; Fontainebleau.**
SIGNÉ A GAUCHE. T. Haut. 0,60 Larg. 0,74.

21. **Le pré des Biches; Fontainebleau.**
SIGNÉ A GAUCHE. T. Haut. 0,60 Larg. 0,74.

22. **Chêne dans la forêt de Fontainebleau.**
SIGNÉ A GAUCHE. T. Haut. 0,60 Larg. 0,55.

23. **Faneuse.**
SIGNÉ A GAUCHE. T. Haut. 0,65 Larg. 0,51.

24. **A la Fontaine.**
SIGNÉ A GAUCHE. T. Haut. 0,65 Larg. 0,40.

25. **Dormoir, Gorges d'Apremont.**
SIGNÉ A DROITE. T. Haut. 0,42 Larg. 0,67.

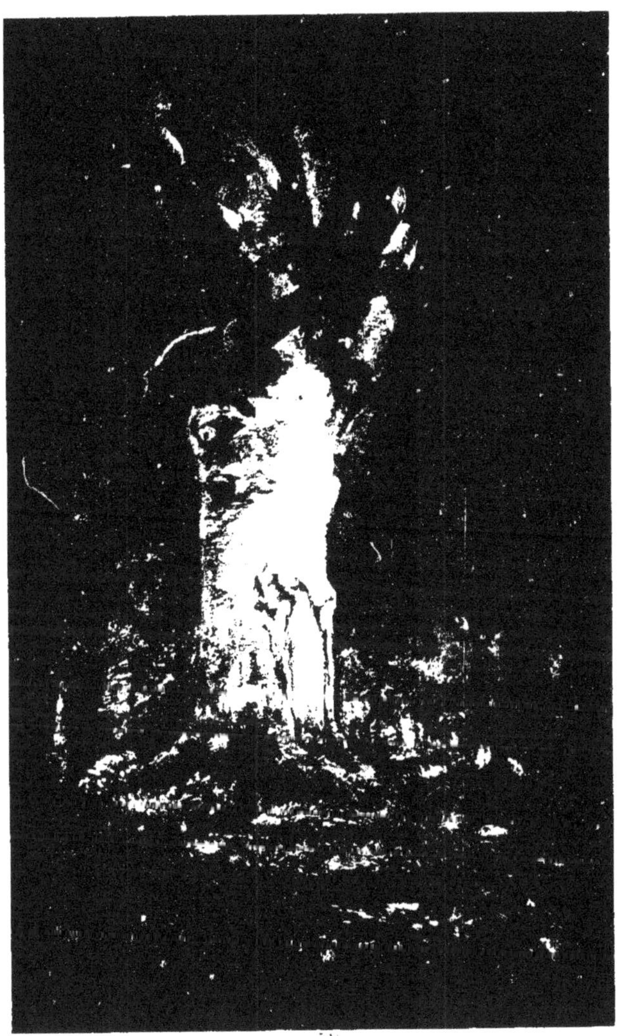

N 1

26. **Le Viaduc de Moret.**
SIGNÉ A GAUCHE. T. Haut. 0,46 Larg. 0,60.

27. **Bornage de Chailly.**
SIGNÉ A GAUCHE. T. Haut. 0,55 Larg. 0,66.

28. **Arbre Mort à Veneux-Nadon.**
SIGNÉ A GAUCHE. T. Haut. 0,65 Larg. 0,54.

29. **Un Attelage; Étude.**
SIGNÉ A GAUCHE. T. Haut. 0,54 Larg. 0,64.

30. **Hêtres à Recloses.**
SIGNÉ A GAUCHE. T. Haut. 0,45 Larg. 0,56.

31. **Église de Vallon-en-Sully; Allier.**
SIGNÉ A GAUCHE. T. Haut. 0,54 Larg. 0,42.

32. **Forêt de Fontainebleau.**
SIGNÉ A DROITE. T. Haut. 0,50 Larg. 0,42.

33. **Intérieur de forêt; Fontainebleau.**
SIGNÉ A DROITE. T. Haut. 0,56 Larg. 0,42.

34. **Veneux-Nadon; Moret.**
SIGNÉ A DROITE. T. Haut. 0,28 Larg. 0,44

35. **Étude à Fontainebleau.**
SIGNÉ A GAUCHE. B. Haut. 0,42 Larg. 0,33.

36. **Fontainebleau.**
SIGNÉ A GAUCHE. B. Haut. 0,32 Larg. 0,43.

37. **Étude de mer; Tréport.**
SIGNÉ A GAUCHE. T. Haut. 0,33 Larg. 0,50.

38. **Falaise en Bretagne.**
SIGNÉ A GAUCHE. T. Haut. 0,32 Larg. 0,47.

39. **Chemin de Veneux-Nadon.**
SIGNÉ A GAUCHE. T. Haut. 0,40 Larg. 0,55.

40. **Ferme près Nouvion; Picardie.**
SIGNÉ A GAUCHE. T. Haut. 0,32 Larg. 0,47.

41. **La Curieuse.**
SIGNÉ A DROITE. T. Haut. 0,40 Larg. 0,32.

42. **La plaine à Moret.**
SIGNÉ A GAUCHE. B. Haut. 0,30 Larg. 0,38.

43. **Baie de Douarnenez; Bretagne.**
SIGNÉ A GAUCHE. B. Haut. 0,28 Larg. 0,50.

44. Chemin sous bois.
SIGNÉ A GAUCHE. C. Haut. 0,24 Larg. 0,17.

45. Étude à Montmartre.
SIGNÉ A GAUCHE. C. Haut. 0,24 Larg. 0,16.

46. Près la Mare aux Fées; Fontainebleau.
SIGNÉ A DROITE. T. Haut. 0,67 Larg. 0,92.

47. La Bergère.
SIGNÉ A GAUCHE. B. Haut. 0,44 Larg. 0,28.

48. Route des artistes à Fontainebleau.
SIGNÉ A GAUCHE. T. Haut. 0,85 Larg. 1,07.

49. Franchard; Fontainebleau.
SIGNÉ A DROITE. T. Haut. 0,84 Larg. 1,31.

50. Le vieux chêne de Belle-Croix; Fontainebleau.
SIGNÉ A GAUCHE. T. Haut. 1,00 Larg. 0,72.

51. Étude d'arbre; Fontainebleau.
SIGNÉ A GAUCHE. T. Haut. 1,07 Larg. 0,84.

52. Forêt de Fontainebleau.
SIGNÉ A DROITE. T. Haut. 1,07 Larg. 0,85.

53. Bâtiments de ferme; Nord.
SIGNÉ A GAUCHE. B. Haut. 0,26 Larg. 0,32.

54. Voiture de ferme.
SIGNÉ A GAUCHE. C. H. 0,15 1/2 L. 0,13.

55. Pêcheur; Dieppe.
SIGNÉ A GAUCHE. C. Haut. 0,37 Larg. 0,26.

56. Étude; Eure.
SIGNÉ A DROITE. T. Haut. 0,40 Larg. 0,52.

57. Jeune paysanne.
SIGNÉ A GAUCHE. T. Haut. 0,35 Larg. 0,27.

58. Étude au Tréport.
SIGNÉ A DROITE. B. Haut. 0,26 Larg. 0,35.

59. Méditation.
SIGNÉ A GAUCHE. T. Haut. 0,35 Larg. 0,27.

60. Forêt de Fontainebleau.
SIGNÉ A DROITE. T. Haut. 0,47 Larg. 0,56.

61. Le Moulin.
SIGNÉ A GAUCHE. T. Haut. 0,50 Larg. 0,61.

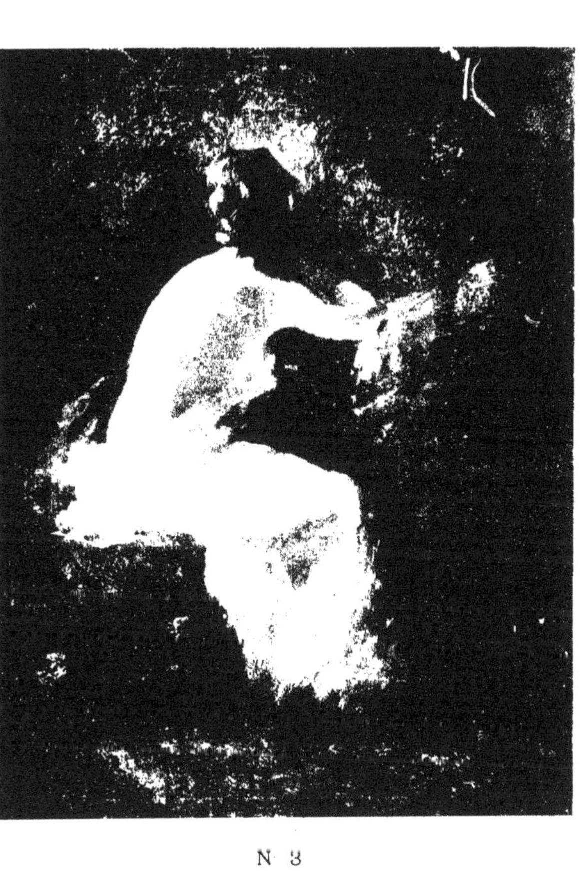

N 3

62. **L'Église du Tréport.**
SIGNÉ A GAUCHE. — T. Haut. 0,40 Larg. 0,61.

63. **Chaumière en Normandie.**
SIGNÉ A GAUCHE. — T. Haut. 0,32 Larg. 0,50.

64. **Chaumière en Picardie.**
SIGNÉ A GAUCHE. — T. Haut. 0,27 Larg. 0,35.

65. **Église de Recloses.**
SIGNÉ A GAUCHE. — T. Haut. 0,10 Larg. 0,20.

66. **Une Mare en Picardie.**
SIGNÉ A DROITE. — T. Haut. 0,15 Larg. 0,30.

67. **Étude en forêt.**
SIGNÉ A DROITE. — B. H. 0,12 1/2 L. 0,20.

68. **Clairière en forêt.**
SIGNÉ A GAUCHE. — B. Haut. 0,10 Larg. 0,20.

69. **Étude.**
SIGNÉ A GAUCHE. — B. H. 0,14 L. 0,18 1/2.

70. **Étude.**
SIGNÉ A GAUCHE. — B. Haut. 0,13 Larg. 0,15.

71. **Dans le port ; marée basse.**
SIGNÉ A GAUCHE. — B. Haut. 0,32 Larg. 0,24.

72. **Étude d'âne ; Tréport.**
SIGNÉ A GAUCHE. — T. Haut. 0,27 Larg. 0,35.

73. **Chemin en forêt.**
SIGNÉ A GAUCHE. — T. Haut. 0,24 Larg. 0,30.

74. **Dans le village de Recloses.**
SIGNÉ A DROITE. — B. H. 0,32 L. 0,43 1/2.

75. **Pont de Gray à Nemours.**
SIGNÉ A DROITE. — T. Haut. 0,34 Larg. 0,48.

76. **Ferme en Picardie.**
SIGNÉ A DROITE. — B. Haut. 0,32 Larg. 0,43.

77. **Jeune fille aux fleurs.**
SIGNÉ A GAUCHE. — T. Haut. 0,40 Larg. 0,27.

78. **Jeune fille à la cruche.**
SIGNÉ A GAUCHE. — T. Haut. 0,35 Larg. 0,27.

79. **Jeune fille aux fleurs.**
SIGNÉ A DROITE. — T. Haut. 0,53 Larg. 0,35.

80. **La plaine de Barbizon. Effet de lune.**
SIGNÉ À GAUCHE. — T. Haut. 0,27 Larg. 0,41.

81. **Marine.**
SIGNÉ À DROITE. — B. Haut. 0,21 Larg. 0,44.

82. **Prés fleuris ; à Moret.**
CACHET DE LA VENTE. — C. Haut. 0,27 Larg. 0,35.

83. **Cascade en Auvergne.**
SIGNÉ À DROITE. — T. Haut. 0,33 Larg. 0,24.

84. **Baigneuse.**
SIGNÉ À DROITE. — T. Haut. 0,35 Larg. 0,27.

85. **Haute futaie.**
SIGNÉ À DROITE. — T. Haut. 0,41 Larg. 0,27.

86. **Jeune fille.**
SIGNÉ À GAUCHE. — B. H. 0,20 ½ L. 0,18.

87. **Recloses.**
SIGNÉ À GAUCHE. — B. H. 0,18 ½ L. 0,30.

88. **Après l'orage ; Normandie.**
SIGNÉ À GAUCHE. — T. Haut. 1,20 Larg. 1,03.

89. **La Mare ; environ de Montargis.**
SIGNÉ À GAUCHE. — T. Haut. 1,30 Larg. 1,03.

90. **Route des artistes à Fontainebleau.**
SIGNÉ À GAUCHE. — B. Haut. 0,37 Larg. 0,40.

91. **Le puits Luniot ; Barbizon.**
SIGNÉ À GAUCHE. — T. Haut. 0,27 Larg. 0,21.

92. **Étude à Gray.**
SIGNÉ À GAUCHE. — T. Haut. 0,20 Larg. 0,25.

93. **Environ de Moret.**
SIGNÉ À GAUCHE. — B. Haut. 0,21 Larg. 0,41.

94. **Un hameau dans le Nord.**
SIGNÉ À GAUCHE. — B. Haut. 0,23 Larg. 0,32.

95. **Cascade en Auvergne.**
SIGNÉ À GAUCHE. — T. Haut. 0,41 Larg. 0,32.

96. **La Seine près Moret.**
SIGNÉ À DROITE. — T. Haut 0,27 Larg. 0,41.

97. **La retenue à marée basse ; Tréport.**
SIGNÉ À GAUCHE. — T. Haut. 0,38 Larg. 0,40.

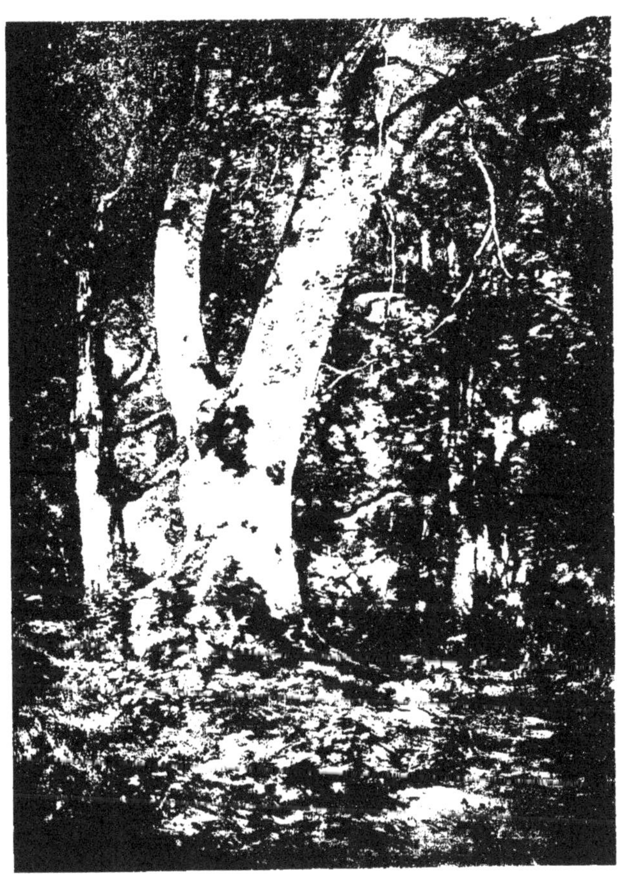

N° 11

98. Tête de Guerrier.
SIGNÉ A DROITE. T. Haut. 0.40 Larg. 0.30.

99. Étude en Auvergne.
SIGNÉ A GAUCHE. T. Haut. 0.32 Larg. 0.40.

100. Grande route dans la forêt.
SIGNÉ A DROITE. T. Haut. 0.32 Larg. 0.40.

101. Deux filles de ferme.
SIGNÉ A GAUCHE. T. Haut. 0.55 Larg. 0.40.

102. Église de Gray, près Nemours.
SIGNÉ A GAUCHE. T. Haut. 0.48 Larg. 0.31.

103. Étude de chêne à Fontainebleau.
SIGNÉ A GAUCHE. T. Haut. 0.55 Larg. 0.40.

104. Moulin à Moret.
SIGNÉ A DROITE. T. Haut. 0.38 Larg. 0.55

105. Chaumière Normande.
SIGNÉ A GAUCHE. T. Haut 0.38 Larg. 0.50.

106. Retour de la Source.
SIGNÉ A GAUCHE. T. Haut. 0.40 Larg. 0.32.

107. Tête de Marin; Étude.
SIGNÉ A GAUCHE. T. Haut. 0.22 Larg. 0.10.

108. Petit pont en Normandie.
SIGNÉ A GAUCHE. C. Haut. 0.17 Larg. 0.25.

109. Saint-Martin, près le Tréport.
SIGNÉ A DROITE. C. Haut. 0.20 Larg. 0.17.

110. Le Cateau; Nord.
SIGNÉ A GAUCHE. C. Haut. 0.18 Larg. 0.25.

111. Tête de femme; Étude.
SIGNÉ A GAUCHE. B. Haut. 0.22 Larg. 0.10.

112. Étude au Tréport.
SIGNÉ A DROITE. T. Haut. 0,38 Larg. 0.50.

113. Forêt de Fontainebleau.
SIGNÉ A DROITE. T. Haut. 0,54 Larg. 0.42.

114. Un coin à Herrisson; Allier.
SIGNÉ A GAUCHE. T. Haut. 0,54 Larg. 0.42.

115. Le Petit Darain; Picardie.
SIGNÉ A GAUCHE. T. Haut. 0.75 Larg. 1.02.

116. Cour de ferme en Picardie.
SIGNÉ À GAUCHE. — T. Haut. 0,68 Larg. 0,63.

117. Environ de Nemours
SIGNÉ À GAUCHE. — T. Haut. 0,50 Larg. 0,81.

118. Chemin perdu dans la forêt.
SIGNÉ À GAUCHE. — T. Haut. 0,72 Larg. 0,63.

119. L'Église de Mortefontaine.
SIGNÉ À GAUCHE. — T. Haut. 0,26 Larg. 0,33.

120. La Seine près Vernon.
SIGNÉ À GAUCHE. — B. H. 0,17 1/2 L. 0,31.

121. Aux Sablons.
SIGNÉ À GAUCHE. — T. Haut. 0,41 Larg. 0,32.

122. Jeune fille aux fleurs.
SIGNÉ À GAUCHE. — T. Haut. 0,30 Larg. 0,25.

123. Chaumières à Mers; Tréport.
SIGNÉ À DROITE, DATÉ 1872. — B. Haut. 0,32 Larg. 0,41.

124. Recloses; Fontainebleau.
SIGNÉ À GAUCHE. — T. Haut. 0,38 Larg. 0,46.

125. Forêt de Fontainebleau, l'hiver.
SIGNÉ À GAUCHE. — T. Haut. 0,41 Larg. 0,50.

126. Chez Luniot; Barbizon.
SIGNÉ À GAUCHE. — T. Haut. 0,42 Larg. 0,54.

127. Forêt de Fontainebleau.
SIGNÉ À DROITE. — T. Haut. 0,32 Larg. 0,50.

128. Gorges aux Loups; Fontainebleau.
SIGNÉ À GAUCHE. — T. Haut. 0,60 Larg. 0,82.

129. Chêne; forêt de Fontainebleau.
SIGNÉ À GAUCHE. — T. Haut. 0,81 Larg. 0,55.

130. Belle-Croix; Fontainebleau.
SIGNÉ À GAUCHE. — T. Haut. 0,65 Larg. 0,81.

131. Portrait de Mademoiselle C***.
SIGNÉ EN HAUT À DROITE. — T. Haut. 0,61 Larg. 0,50.

132. Portrait de Mademoiselle Jeanne D***.
SIGNÉ EN HAUT À DROITE. — T. Haut. 0,73 Larg. 0,51.

133. Chemin près de la porte Nadon.
SIGNÉ À GAUCHE. — T. Haut. 0,60 Larg. 0,73.

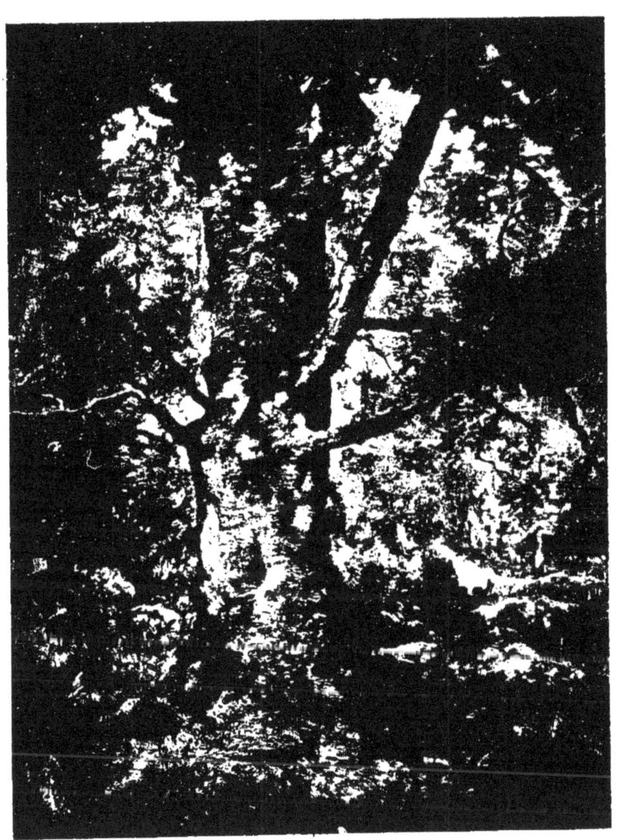

N° 12

134. **Les Glaneuses.**
SIGNÉ A GAUCHE. — T. Haut. 0,73 Larg. 0,60.

135. **Le Petit Darain ; Picardie.**
SIGNÉ A GAUCHE. — T. Haut. 0,54 Larg. 0,73.

136. **Dans un parc à Montmartre.**
SIGNÉ A GAUCHE. — B. Haut. 0,41 Larg. 0,32.

137. **Les Laveuses.**
SIGNÉ. — B. Haut. 0,53 Larg. 0,67.

138. **Forêt de Fontainebleau.**
SIGNÉ A GAUCHE. — T. Haut. 0,61 Larg. 0,43.

139. **Femmes au bois mort en forêt.**
SIGNÉ A GAUCHE. — T. Haut. 0,65 Larg. 0,41.

140. **Étude à Saint-Mamès.**
SIGNÉ A GAUCHE. — T. Haut. 0,50 Larg. 0,65.

141. **Bornage de Moret ; Fontainebleau.**
SIGNÉ A GAUCHE. — T. Haut. 0,51 Larg. 0,65.

142. **Les roches à Douarnenez.**
SIGNÉ A GAUCHE. — B. Haut. 0,32 Larg. 0,51.

143. **Étude au Tréport.**
SIGNÉ A DROITE. — T. Haut. 0,32 Larg. 0,24.

144. **La Baie de Douarnenez.**
SIGNÉ A GAUCHE. — B. Haut. 0,27 Larg. 0,41.

145. **Bornage de la forêt de Fontainebleau.**
SIGNÉ A GAUCHE. — T. Haut. 0,27 Larg. 0,40.

146. **Bouleaux et roches ; Fontainebleau.**
SIGNÉ A GAUCHE. — T. Haut. 0,65 Larg. 0,35.

147. **Saint-Mamès, près Moret.**
SIGNÉ A DROITE. — T. Haut. 0,40 Larg. 0,53.

148. **Moret vu du Canal.**
SIGNÉ A DROITE. — T. Haut. 0,38 Larg. 0,55.

149. **La retenue du Tréport.**
SIGNÉ A GAUCHE. — B. Haut. 0,32 Larg. 0,42.

150. **Chaumières à Menilval ; Tréport.**
SIGNÉ A DROITE. — T. Haut. 0,32 Larg. 0,40.

151. **La Seine à Bougival.**
SIGNÉ A GAUCHE. — T. Haut. 0,32 Larg. 0,40.

152. Étude en forêt.
SIGNÉ A GAUCHE. T. Haut. 0,40 Larg. 0,54.

153. Les Gorges d'Apremont ; Fontainebleau.
SIGNÉ A GAUCHE. T. Haut. 0,40 Larg. 0,54.

154 Marais ; près Amiens.
SIGNÉ A GAUCHE. T. Haut. 0,42 Larg. 0,54.

155. Château de Kulland ; Allier.
SIGNÉ A GAUCHE. T. Haut. 0,24 Larg. 0,42.

156. Vieux puits à Guéret.
SIGNÉ A DROITE. B. Haut. 0,42 Larg. 0,57.

157. Chemin en Picardie.
SIGNÉ A GAUCHE. B. Haut. 0,40 Larg. 0,50.

158. Le chenal du Tréport.
SIGNÉ A GAUCHE. T. Haut. 0,25 Larg. 0,35.

159. Chaumières à Menilval ; Tréport.
SIGNÉ A DROITE. B. Haut. 0,20 Larg. 0,30.

160. Roches dans la forêt de Fontainebleau.
SIGNÉ A GAUCHE. B. Haut. 0,42 Larg. 0,50.

161. Étude à Fontainebleau.
SIGNÉ A GAUCHE. B. H. 0,41 1/2 L. 0,50.

162. Une ferme à Menilval ; près le Tréport.
SIGNÉ A DROITE. B. Haut. 0,43 Larg. 0,61.

163. Vimory ; près Montargis.
SIGNÉ A GAUCHE. T. Haut. 0,48 Larg. 0,74.

164. Etude dans le Nord.
SIGNÉ A GAUCHE. B. Haut. 0,10 Larg. 0,24.

165 La Garenne.
SIGNÉ A GAUCHE. B. Haut. 0,15 Larg. 0,23

166. Une chaumière dans le Nord.
SIGNÉ A GAUCHE. T. Haut. 0,17 Larg. 0,20.

167. Etude en Automne.
SIGNÉ A GAUCHE. C. Haut. 0,27 Larg. 0,10.

168. Ferme à Chailly-Barbizon.
SIGNÉ A GAUCHE. C. Haut. 0,20 Larg. 0,32.

169. Environs de Fontainebleau.
1re ÉTUDE SUR NATURE. — SIGNÉ A GAUCHE. B. Haut. 0,24 Larg. 0,34.

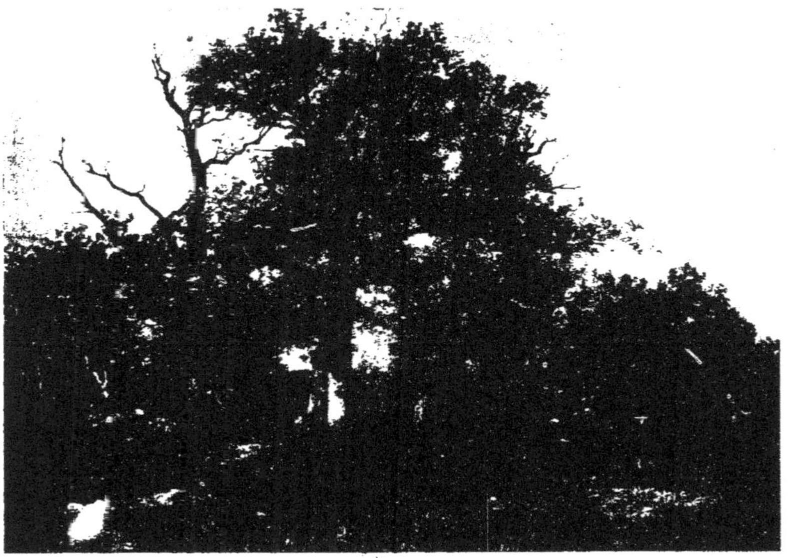

N° 46

170. **Bord du Canal au Tréport.**
SIGNÉ A GAUCHE. B. Haut. 0,27 Larg. 0,35.

171. **La Seine à Saint-Mamès.**
SIGNÉ A GAUCHE. B. Haut. 0,27 Larg. 0,30.

172. **Pécheuse du Tréport.**
SIGNÉ A GAUCHE. B. Haut. 0,37 Larg. 0,27.

173. **Roches dans la Forêt.**
SIGNÉ A GAUCHE. B. Haut. 0,27 Larg. 0,30.

174. **Etude de Hêtre.**
SIGNÉ A GAUCHE. B. Haut. 0,37 Larg. 0,27.

175. **Chaumières à Recloses; près Fontainebleau.**
SIGNÉ A GAUCHE. B. H. 0,24 1/2 L. 0,35.

176. **La plage de Dieppe.**
SIGNÉ A GAUCHE. T. Haut. 0,20 Larg. 0,32.

177. **Etude en Belgique.**
SIGNÉ A DROITE. C. Haut. 0,18 Larg. 0,25.

178. **Un pré en Normandie.**
SIGNÉ A DROITE. C. Haut. 0,18 Larg. 0,20.

179. **Etude à Fontainebleau.**
SIGNÉ A GAUCHE. C. H. 0,18 1/2 L. 0,27.

180. **Etude dans la forêt.**
SIGNÉ A GAUCHE. B. Haut. 0,24 Larg. 0,18.

181. **Routc en Picardie.**
SIGNÉ A DROITE. B. Haut. 0,27 Larg. 0,22.

182. **L'entrée du village de Recloses.**
SIGNÉ A GAUCHE. B. Haut. 0,20 Larg. 0,33.

183. **Moulin à la Celle; Nord.**
SIGNÉ A GAUCHE. B. Haut. 0,32 Larg. 0,20.

184. **La ferme de Menilval; Tréport.**
SIGNÉ A DROITE. B. Haut. 0,30 Larg. 0,47.

185. **Bornage de Veneux-Nadon.**
SIGNÉ A GAUCHE. T. Haut. 0,38 Larg. 0,40.

186. **Chaumière en Picardie.**
SIGNÉ A GAUCHE. B. Haut. 0,33 Larg. 0,41.

187. **Etude à Gray; près Nemours.**
SIGNÉ A DROITE. T. Haut. 0,48 Larg. 0,33.

188. Environ de Moret.
SIGNÉ A GAUCHE. T. Haut. 0,40 Larg. 0,33.

189. Eglise ; environ de Compiègne.
SIGNÉ A GAUCHE. T. Haut. 0,32 Larg. 0,40.

190. A Recloses.
SIGNÉ A GAUCHE. T. Haut. 0,32 Larg. 0,47.

191. L'Oise vue des hauteurs de Creil.
SIGNÉ A GAUCHE. B. Haut. 0,30 Larg. 0,45.

192. Carrefour de l'Epine ; Fontainebleau.
SIGNÉ A GAUCHE. B. Haut. 0,32 Larg. 0,45.

193. Nature morte.
SIGNÉ A GAUCHE. B. Haut. 0,32 Larg. 0,45.

194. Eglise de Rieux ; près Creil.
SIGNÉ A GAUCHE. B. Haut. 0,28 Larg. 0,45.

195. Carrefour de l'Epine à Fontainebleau.
SIGNÉ A GAUCHE. B. Haut. 0,32 Larg. 0,41.

196. Grande route, forèt de Fontainebleau.
SIGNÉ A GAUCHE. T. Haut. 0,32 Larg. 0,41.

197. Clair de lune à Barbizon.
SIGNÉ A DROITE. T. Haut. 0,25 Larg. 0,35.

198. Etude de Charrette.
SIGNÉ A GAUCHE. B. Haut. 0,27 Larg. 0,37.

199. Ruines du Château de Murol.
SIGNÉ A GAUCHE. T. Haut. 0,32 Larg. 0,47.

200. L'Eglise de Villiers ; près Creil.
SIGNÉ A GAUCHE. B. H. 0,27 L. 0,40 1 2.

201. Etude au Trèport.
SIGNÉ A GAUCHE. T. Haut. 0,32 Larg. 0,25.

202. Chemin en lisière de bois ; Picardie.
SIGNÉ A DROITE. B. Haut. 0,35 Larg. 0,27.

203. Etude à Montmartre.
SIGNÉ A GAUCHE. B. Haut. 0,17 Larg. 0,24.

204. Paturages en Normandie.
SIGNÉ A GAUCHE. C. Haut. 0,17 Larg. 0,20.

205. Moulin à Montmartre.
SIGNÉ A GAUCHE. B. Haut. 0,24 Larg. 0,35.

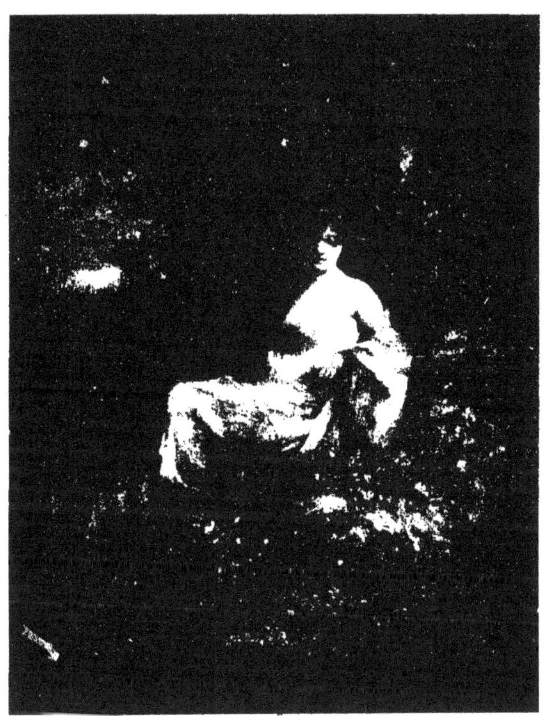

N° 84

206. Etude de poules.
SIGNÉ A DROITE. B. Haut. 0,21 Larg. 0,30.

207. Etude dans la forêt.
SIGNÉ A GAUCHE. T. Haut. 0,13 Larg. 0,20.

208. Bornage des Sablons.
SIGNÉ A DROITE. B. Haut. 0,30 Larg. 0,26.

209. Marchande de poisson.
SIGNÉ A GAUCHE. B. Haul. 0,37 Larg. 0,27.

210. Chaumière dans le Nord.
SIGNÉ A GAUCHE. C. Haut. 0,17 Larg. 0,25.

211. Recloses ; près Fontainebleau.
SIGNÉ A DROITE. B. H. 0,10 1/2 L. 0,38 1/2.

212. Mare à Chantilly.
SIGNÉ A GAUCHE. C. Haut. 0,18 Larg. 0,25.

213. Fontainebleau.
SIGNÉ A GAUCHE. C. Haut. 0,18 Larg. 0,20.

214. Barques de pêche ; Tréport.
SIGNÉ A DROITE. B. Haut. 0,23 Larg. 0,40.

215. Un ruisseau dans le Nord.
SIGNÉ A GAUCHE. B. Haut 0,23 Larg. 0,30.

216. La passerelle.
SIGNÉ A DROITE. T. Haut. 0,27 Larg. 0,37.

217. Cabane de pêcheurs à Cayeux.
SIGNÉ A GAUCHE. P. Haut. 0,27 Larg. 0,37.

218. Etude à Chantilly.
SIGNÉ A GAUCHE. T. Haut. 0,37 Larg. 0,27.

219. Etude dans l'Allier.
SIGNÉ A GAUCHE. T. Haut. 0,27 Larg. 0,37.

220. Jeune paysanne.
SIGNÉ A GAUCHE. T. Haut. 0,37 Larg. 0,27.

221. Etude dans le Loiret.
SIGNÉ A DROITE. C. Haut. 0,27 Larg. 0,37.

222. Confidences.
SIGNÉ A GAUCHE. T. Haut. 0,30 Larg. 0,27.

223. Chaumière à Montargis.
SIGNÉ A DROITE. T. Haut. 0,27 Larg. 0,37.

224. **Au puits.**
SIGNÉ A GAUCHE. C. Haut. 0,20 Larg. 0,30.

225. **Chaumières en forêt.**
SIGNÉ A DROITE. T. Haut. 0,27 Larg. 0,30.

226. **Etude à Dax.**
SIGN. A GAUCHE. T. Haut. 0,28 Larg. 0,31.

227. **Moulin de Gamache.**
SIGNÉ A GAUCHE. T. Haut. 0,28 Larg. 0,20.

228. **Bougival.**
SIGNÉ A GAUCHE. T. Haut. 0,25 Larg. 0,34.

229. **Pont de Moret.**
SIGNÉ A DROITE. T. Haut. 0,25 Larg. 0,38.

230. **Etude.**
SIGNÉ A GAUCHE. T. Haut. 0,24 Larg. 0,34.

231. **En Normandie.**
SIGNÉ A GAUCHE. T. Haut. 0,20 Larg. 0,30.

232. **Aux Sablons.**
SIGNÉ A DROITE. T. Haut. 0,24 Larg. 0,34.

233. **Etude en forêt.**
SIGNÉ A GAUCHE. T. Haut. 0,24 Larg. 0,34.

234. **Moret.**
SIGN. A DROITE. T. Haut. 0,20 Larg. 0,34.

235. **Environs de Moret.**
SIGNÉ A GAUCHE. T. Haut. 0,27 Larg. 0,30.

236. **La Seine vue de mon jardin.**
SIGNÉ A GAUCHE. T. Haut. 0,25 Larg. 0,34.

237. **Chaumières à Récloses.**
SIGNÉ A GAUCHE. C. H. 0,21 1/2 L. 0'32.

238. **Moulin à Veules.**
SIGNÉ A GAUCHE. T. Haut. 0,32 Larg. 0,20.

239. **Bouleau dans la forêt.**
SIGNÉ A GAUCHE. B. Haut. 0,35 Larg. 0,27.

240. **Etude à Fontainebleau.**
SIGNÉ A GAUCHE. B. Haut. 0,27 Larg. 0,31.

241. **Mare ; près Amiens.**
SIGNÉ A GAUCHE. C. Haut. 0,20 Larg. 0,32.

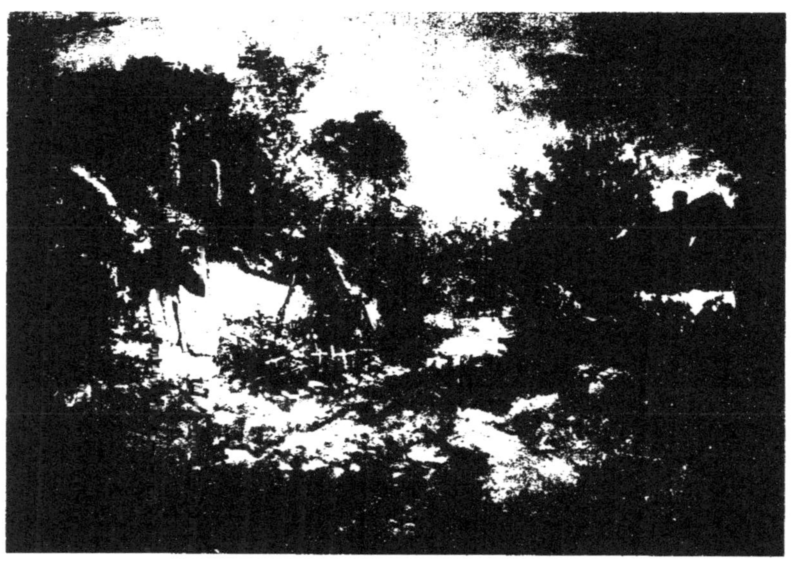

N° 115

242. **Chaumières à Recloses.**
SIGNÉ A GAUCHE. C. Haut. 0,20 Larg. 0,32.

243. **Un moulin sur la Bresle.**
SIGNÉ A DROITE. B. Haut. 0,20 Larg. 0,30.

244. **Environs de Dax ; Automne.**
SIGNÉ A DROITE. B. Haut. 0,37 Larg. 0,20.

245. **Le lac au bois de Vincennes.**
SIGNÉ A DROITE. T. Haut. 0,38 Larg. 0,57.

246. **La petite cascade du bois de Vincennes.**
SIGNÉ A GAUCHE. T. Haut. 0,38 Larg. 0,25.

247. **Etude au Tréport.**
SIGNÉ A GAUCHE. B. Haut. 0,21 Larg. 0,32.

248. **Etude à Fontainebleau.**
SIGNÉ A GAUCHE. C. Haut. 0,21 Larg. 0,32.

249. **Etude de barques ; Tréport.**
SIGNÉ A GAUCHE. B. Haut. 0,35 Larg. 0,20.

250. **Falaises du Tréport.**
SIGNÉ A GAUCHE. C. Haut. 0,32 Larg. 0,25.

251. **Barque échouée ; Tréport.**
SIGNÉ A GAUCHE. B. Haut. 0,40 Larg. 0,33.

252. **A Veneux-Nadon.**
SIGNÉ A GAUCHE. T. Haut. 0,22 Larg. 0,32.

253. **Près les Sablons.**
SIGNÉ A GAUCHE. T. Haut. 0,20 Larg. 0,35.

254. **A Bougival.**
SIGNÉ A DROITE. T. Haut. 0,10 Larg. 0,[illegible].

255. **Etude à Moret.**
SIGNÉ A GAUCHE. T. Haut. 0,27 Larg. 0,30.

256. **Etude en Normandie.**
SIGNÉ A GAUCHE. T. Haut. 0,27 Larg. 0,30.

257. **Etude.**
SIGNÉ A GAUCHE. T. Haut. 0,22 Larg. 0,28.

258. **Aux Sablons.**
SIGNÉ A GAUCHE. T. Haut. 0,24 Larg. 0,34.

259. **Etude à Gamache ; Tréport.**
SIGNÉ A GAUCHE. T. Haut. 0,25 Larg. 0,32.

260. **Rivière**
SIGNÉ A GAUCHE. T. Haut. 0,35 Larg. 0,20.

261. **Etude en Auvergne.**
SIGNÉ A GAUCHE. T. Haut. 0,22 Larg. 0,20.

262. **A Veneux-Nadon.**
SIGNÉ A GAUCHE. T. Haut. 0,25 Larg. 0,35.

263. **Prés Recloses.**
SIGNÉ A GAUCHE. T. Haut. 0,27 Larg. 0,35.

264. **Plaine de Moret.**
SIGNÉ A GAUCHE. T. Haut. 0,24 Larg. 0,30.

265. **Etude à Bougival.**
SIGNÉ A GAUCHE. T. Haut. 0,35 Larg. 0,25.

266. **Etude de ciel.**
SIGNÉ A GAUCHE. T. Haut. 0,22 Larg. 0,34.

267. **Bougival.**
SIGNÉ A GAUCHE. T. Haut. 0,25 Larg. 0,30.

268. **Bougival.**
SIGNÉ A GAUCHE. T. Haut. 0,24 Larg. 0,34.

269. **Bougival.**
SIGNÉ A GAUCHE. T. Haut. 0,35 Larg. 0,25.

270. **Environs de Moret.**
SIGNÉ A GAUCHE. T. Haut. 0,25 Larg. 0,30.

271. **Parc du Perreux.**
SIGNÉ A GAUCHE. T. Haut. 0,37 Larg. 0,27.

272. **Etude de Moutons.**
SIGNÉ A GAUCHE. T. Haut. 0,27 Larg. 0,35.

273. **Etude ; environs de By.**
SIGNÉ A GAUCHE. T. Haut. 0,27 Larg. 0,27.

274. **La Seine à Veneux-Nadon.**
SIGNÉ A GAUCHE. T. Haut. 0,27 Larg. 0,38.

275. **Bougival.**
SIGNÉ A GAUCHE. T. Haut. 0,24 Larg. 0,33.

276. **Etude à By.**
SIGNÉ A GAUCHE. T. Haut. 0,20 Larg. 0,30.

277. **Bougival.**
SIGNÉ A DROITE. T. Haut. 0,30 Larg. 0,25.

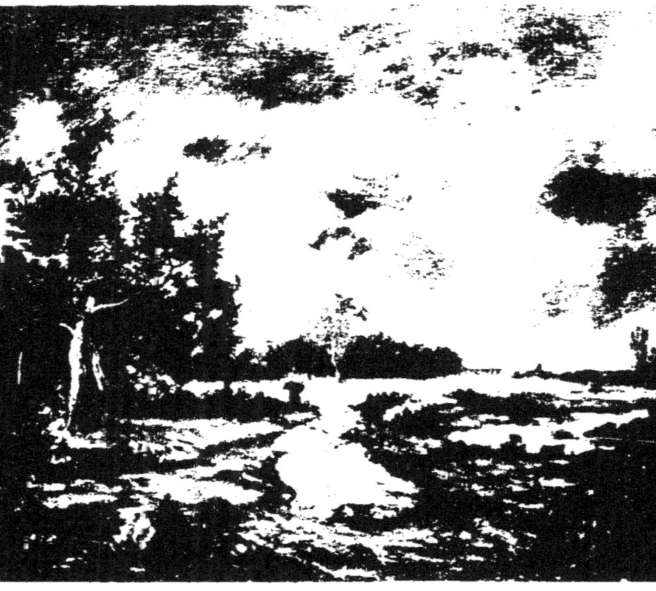

N 117

278. Chemin des vaches ; Tréport.
SIGNÉ A DROITE. T. Haut. 0,30 Larg. 0,20.

279. Près Bougival.
SIGNÉ A DROITE. T. Haut. 0,27 Larg. 0,33.

280. A Fontainebleau.
SIGNÉ A DROITE. T. Haut. 0,26 Larg. 0,35.

281. La Seine à Veneux-Nadon.
SIGNÉ A GAUCHE. T. Haut. 0,27 Larg. 0,30.

282. La Marne à Nogent.
SIGNÉ A DROITE. T. Haut. 0,25 Larg. 0,30.

283. Brouillard à Moret.
SIGNÉ A GAUCHE. T. Haut. 0,20 Larg. 0,30.

284. Barque au Tréport.
SIGNÉ A GAUCHE. T. Haut. 0,34 Larg. 0,25.

285. Barques au Tréport.
SIGNÉ A GAUCHE. T. Haut. 0,20 Larg. 0,32.

286. Portrait de Mlle A***.
SIGNÉ A DROITE. T. Haut. 0,28 Larg. 0,21.

287. Projet de Tableau.
SIGNÉ A GAUCHE. T. Haut. 0,30 Larg. 0,24.

288. Le Bornage.
SIGNÉ A GAUCHE. T. Haut. 0,32 Larg. 0,48.

289. Veneux-Nadon.
SIGNÉ A GAUCHE. T. Haut. 0,32 Larg. 0,48.

290. Près Bougival.
SIGNÉ A GAUCHE. T. Haut. 0,33 Larg. 0,51.

291. Le viaduc à Moret.
SIGNÉ A GAUCHE. T. Haut. 0,32 Larg. 0,50.

292. Route de By.
SIGNÉ. T. Haut. 0,40 Larg. 0,34.

293. Hameau en Normandie.
SIGNÉ A GAUCHE. T. Haut. 0,10 Larg. 0,22.

294. Moulin à vent.
SIGNÉ A GAUCHE. T. Haut. 0,22 Larg. 0,14.

295. Bords de la Seine.
SIGNÉ A GAUCHE. T. Haut. 0,34 Laag. 0,51.

296. **Lisière de forêt.**
SIGNÉ A GAUCHE. T. Haut. 0,47 Larg. 0,32.

297. **Chemin en forêt.**
SIGNÉ A GAUCHE. T. Haut. 0,51 Larg. 0,43.

298. **La Seine à Veneux-Nadon.**
SIGNÉ A GAUCHE. T. Haut. 0,33 Larg. 0,51.

299. **La Seine à Veneux-Nadon.**
SIGNÉ A GAUCHE. T. Haut. 0,33 Larg. 0,51.

300 **L'Ile près Champagne.**
SIGNÉ A GAUCHE. T. Haut. 0,32 Larg. 0,40.

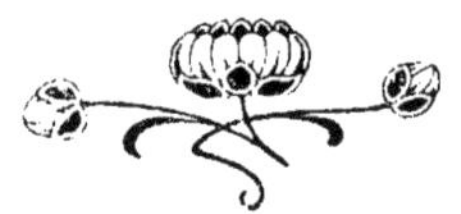

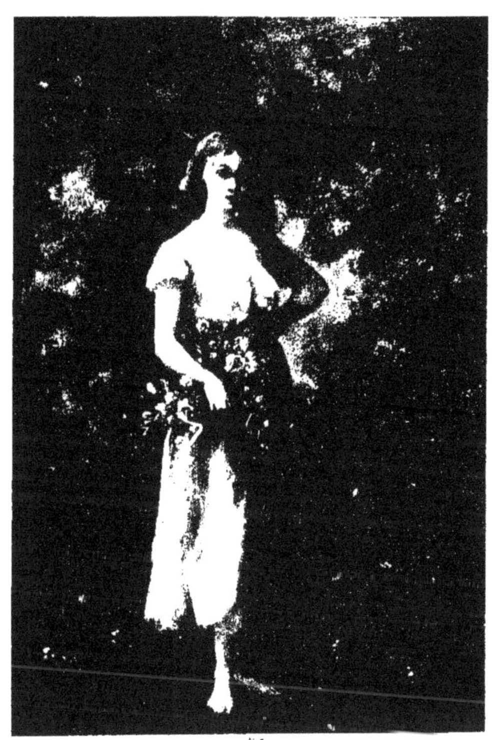

N° 122

www.ingramcontent.com/pod-product-compliance
Ingram Content Group UK Ltd.
Pitfield, Milton Keynes, MK11 3LW, UK
UKHW021954260726
13994UKWH00004B/1744

9 782329 508658